# QUILLING
## voor kaarten
## *for cards*

**Janetta van Roekel-Wolters**

**FORTE** UITGEVERS | **FORTE** PUBLISHERS

# Inhoud *Contents*

ISBN 90 5877 672 7
NUR 475

This is a publication from
Forte Publishers BV
P.O. Box 1394
3500 BJ Utrecht
The Netherlands

For more information about the
creative books available from
Forte Uitgevers:
www.fortepublishers.com

Final editing: Gina Kors-Lambers,
Steenwijk, the Netherlands
Photography and digital image editing:
Fotografie Gerhard Witteveen,
Apeldoorn, the Netherlands
Cover and inner design:
BADE creatieve communicatie,
Baarn, the Netherlands
Translation: Michael Ford, TextCase,
Hilversum, the Netherlands

# Voorwoord *Preface*

Veel mensen kennen filigraan als roltechniek. Al ruim 18 jaar ben ik enthousiast met papierstroken bezig. Maar behalve rollen, knippen en vlechten kun je nog veel meer leuke dingen doen met die smalle strookjes. Zoals het maken van huskings*. Dit zijn filigraanvormen die volgens een bepaald patroon om spelden worden gewikkeld. Meestal worden ze van een kraag, een rand voorzien. Door ze samen te voegen en met kleuren te spelen ontstaan prachtige bloemen, bladeren, vlinders en andere figuren.

Voor de kaarten heb ik gebruik gemaakt van ponsen, organzalint en kleine accessoires als kraaltjes, strass plaksteentjes, eyelets, brads en snaps.

Het was een leuke uitdaging om er een boekje over te maken. Al doende heb ik veel verschillende patroontjes bedacht. Ik wens je veel "husking"-plezier en hoop dat ook jij nog nieuwe patroontjes zult bedenken.

Janetta

* husk = omhulsel, bijvoorbeeld van een rijstkorrel
Wil je meer weten over filigraan? Kijk dan op www.filigraan.nl

Bedankt: Mijn man Jan voor zijn hulp met de teksten en patronen.

*Many people know filigree as a rolling technique. I have been a paper strip enthusiast for more than 18 years and know that you can do many more things with these small strips of paper than just rolling, cutting and plaiting. One example is making huskings*, which is making filigree shapes that are wound around pins in a certain pattern. They are usually given a collar. By adding them together and playing with different colours, you can create lovely flowers, leaves, butterflies and other shapes.*

*For the cards in this book, I have used punches, Organza ribbon and small accessories, such as beads, adhesive stones, eyelets, Brads and Snaps.*

*It was fun making a book about this technique. Whilst writing it, I came up with lots of different patterns. I wish you lots of fun making huskings and hope that you will also think up some of your own patterns.*

*Janetta*

*A husk is an outer covering, such as for a grain of rice.*
*Do you wish to know more about filigree? Then take a look at www.filigraan.nl*

*Many thanks to my husband, Jan, for his help with the text and the patterns.*

# Technieken *Techniques*

### Huskings

Het basisprincipe is voor alle huskings hetzelfde: smalle papierstroken worden volgens een patroon om spelden gewikkeld en vormen samen allerlei figuren. In dit boekje zijn voor de huskings stroken van 3 mm breed gebruikt. Bekijk de foto's voor de gebruikte kleuren.

### Patronen

Kopieer de patroontjes uit dit boek of teken ze na op 5 mm ruitpapier. De meeste patroontjes moeten meerdere keren gemaakt worden. Het is dus handig om ze te plastificeren. Je kunt dan steeds de oude prikgaatjes gebruiken en eventuele lijmvlekjes wegvegen. Gebruik de achterkant van een filigraan mallenbord of een stevige prikmat om de patronen met knopspelden op vast te prikken.

### Het begin

Prik spelden in punt 1 en 2. Zorg dat ze goed recht staan. Vouw het begin van de papierstrook een klein stukje om en haak het achter speld 1. Leid de strook links om speld 2, naar rechts beneden en lijm de lus vast op het eerste raakpunt: het haakje, rechtsonder. Gebruik altijd zo min mogelijk lijm, vooral bij het op de kaart bevestigen van de onderdelen.

### Rechte lijn

Als de cijfers in volgorde recht boven elkaar staan maak je de wikkeling steeds dezelfde kant op. Lijm de strook bij iedere wikkeling om speld 1 vast. Zorg dat de bovenkant van de stroken op dezelfde hoogte (3 mm) blijft.

### Basispatronen

Beide basispatronen (BP) zijn rechte lijnen, maar ze kunnen op verschillende manieren, met meer of minder ruimte ertussen, omwikkeld worden. Bijvoorbeeld 3x BPa 1-4-8-12 betekent: maak 3 onderdelen volgens basispatroon a.

Ga van speld 1 naar speld 4, terug naar speld 1, dan om speld 8, terug naar 1, om speld 12 en terug naar 1. Het uiterlijk van een volgens hetzelfde patroon gemaakt onderdeel kan geheel veranderen als het heel fijn geknepen wordt en/of langs een nagel gehaald en wat omgebogen wordt.

### Links en rechts

Staan de cijfers om en om links en rechts, stuur de strook dan vanaf de eerste lus om speld 1 en 2 links omhoog naar punt 3 en prik daar een speld aan de linkerkant van de strook. Ga om speld 3 terug naar speld 1 en lijm de strook daar vast. Nu de strook rechts omhoog leiden naar punt 4. Prik een speld aan de rechterkant van de strook en ga dan om speld 4 terug naar speld 1, vastlijmen en weer linksom naar punt 5. Ga zo verder tot alle punten van het patroon omwikkeld zijn.

### Te kort? Andere kleur?

Is een strook te kort voor de volgende wikkeling? Knip dan het te korte stukje af bij speld 1 en lijm er op dat punt een nieuwe strook aan vast. Zo voorkom je dat er midden in een lus een verdikking ontstaat. Dit is ook de manier om met een andere kleur verder te gaan.

### Patroon omwikkelen

De meeste patronen worden één of meerdere malen geheel omwikkeld. Dit kan met het restant of met een nieuwe strook in een afstekende kleur. Het volstaat om deze "kraag" bij iedere omwikkeling alleen vast te lijmen bij speld 1, tenzij anders beschreven.

### Omgekeerde wikkelingen

Soms moet je de wikkelingen volgens de aangegeven nummering van beneden naar boven maken. Toch blijf je op dezelfde manier om de spelden heen gaan.

## Meerdere kleuren tegelijk

Het maakt niet uit of je met 2 of met 6 verschillende kleuren werkt. In alle gevallen lijm je het begin van de stroken op elkaar. Verschuif eventueel een klein stukje om te voorkomen dat het begin te dik wordt. Je kunt de stroken nu tegelijk om de spelden wikkelen. Lijm wel iedere strook bij speld 1. Je kunt ook iedere kleur apart wikkelen. De beginlus maak je dan alleen met de eerste strook. De rest zit er al aan vast voor de volgende wikkelingen. Bij de oversteek naar links of rechts neem je alle stroken mee. Wikkel de diverse kleuren apart om de volgende spelden.

## Filigraanvormen

De enige gebruikte filigraanvormen zijn de bes, een zo strak mogelijk opgerolde strook en de open spiraal, een opgerold strookje dat is losgelaten. Gebruik eventueel een filigraan-pen om de strookjes op te rollen.

### Husking

*The basic principle of husking is the same for all huskings: narrow strips of paper are wound around pins according to a pattern and together they form a shape. 3 mm wide strips are used for the huskings in this book. Look at the photographs to see which colours are used.*

### Patterns

*Photocopy the patterns given in this book or trace them onto 5 mm squared paper. Since you will have to use most of the patterns more than once, it is a good idea to laminate them, so that you can reuse the old pin holes and rub away any spots of glue. Use the back of a filigree template mat or a firm pricking mat to prick the pattern using hat pins.*

### Starting

*Prick pins into points 1 and 2, making sure that they stand upright. Fold a small piece at the end of the paper strip over to make a loop and hook it behind pin 1. Wind the strip to the left around pin 2, downwards to the right and glue it to the first point of contact: the loop in the bottom right-hand corner. Always use as little glue as possible, particularly when sticking the shapes on the card.*

### Straight line

*If the numbers are in a straight line one above the other, then always wind the strip in the same direction. Glue the strip at pin 1 after every winding, making sure the top of the strips are always the same height (3 mm).*

### Basic patterns

*Both basic patterns (BP) are straight lines, but they can be wound in different ways, with more or less space between the windings. For example, BPa 3x 1-4-8-12 means make 3 shapes according to basic pattern A. Go from pin 1 to pin 4, back to pin 1, then around pin 8, back to pin 1, then around pin 12 and back to pin 1. The appearance of a shape made using the same pattern can be very different if it is pinched together and/or run along a fingernail and bent slightly.*

### Left and right

*If the numbers are placed alternately to the left and right, then wind the strip for the first winding around pins 1 and 2, then to the left, up to point 3 and prick a pin to the left-hand side of the strip. Go around pin 3, back to pin 1 and glue the strip in place. Next, take the strip up to the right to point 4. Prick a pin to the right-hand side of the strip and then go around pin 4, back to pin 1 and glue it in place. Then go to the left to point 5. Continue until all the points of the pattern have been wound.*

### Too short or a different colour?

*If a strip is too short for the next winding, then cut it at pin 1 and glue a new strip to the strip which is too short at that point so as to avoid the strip being too thick in the middle of a winding. This is also the method to use if you wish to continue using a different colour.*

# Stap voor stap *Step-by-step*

1. De basismaterialen voor het maken van de kaarten.
1. *The basic materials for making the cards.*

2. Ponsen en kleine accessoires voor de versiering.
2. *Punches and small accessories for decoration.*

3. Benodigdheden voor het maken van huskings.
3. *What you need to make huskings.*

4. Huskings maken.
4. *Making huskings.*

# Gebruikte materialen *Materials*

- Kaartkarton: Papicolor (P) en cArt-us (C)
- Filigraanstroken 3 en 5 mm breed
- Mallenbord
- Filigraanpen
- Knopspelden
- Boekbinderslijm (in flesje met doseerpunt)
- Dubbelzijdig plakband 5 mm breed
- 3D kit
- Snijmat
- Puntig schaartje
- Hobbymes
- Liniaal
- Pincet
- Cirkelsnijder
- Organzalint 6 mm breed
- JeJe Fantasy papier
- Gelpen
- Strass plakstenen, mini
- Brads (splitpennetjes)
- Snaps
- Eyelets
- Eyelet tool en hamer
- Swarovski kraaltjes
- Mos
- Carl figuur- en fotohoekponsen, mozaïekpons, clippunchsets (Kars)
- Fiskars randpons, border/weave ponsen, dubbele hoekponsen (Vaessen)

- *Card: Papicolor (P) en cArt-us (C)*
- *Filigree strips (3 and 5 mm wide)*
- *Template board*
- *Filigree pen*
- *Hat pins*
- *Bookbinder glue (bottle with squirting top)*
- *Double-sided adhesive tape (5 mm wide)*
- *Silicon glue*
- *Cutting mat*
- *Pointed scissors*
- *Craft knife*
- *Ruler*
- *Pair of tweezers*
- *Circle cutter*
- *Organza ribbon (6 mm wide)*
- *JeJe Fantasy paper*
- *Gel pen*
- *Mini adhesive stones*
- *Brads (split pins)*
- *Snaps*
- *Eyelets*
- *Eyelet tool and hammer*
- *Swarovski beads*
- *Moss*
- *Carl figure and photo punches, mosaic punch, clip punch set (Kars)*
- *Fiskars border punch, border/weave punches, double corner punches (Vaessen)*

# **Voorjaar** *Spring*

## **Narcissen** *Daffodils*

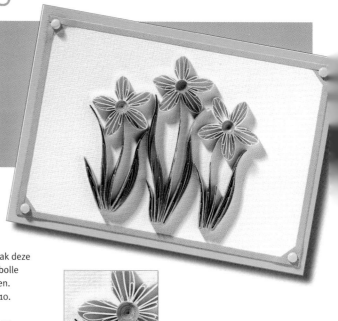

### Benodigdheden
Dubbele kaart 10,5 x 14,8 cm grasgroen P07
• Kaart 9,5 x 13,8 cm lichtgroen P47 • Groene brads

### *What you need*
*Grass green double card P07 (10.5 x 14.8 cm)*
*• Light green card P47 (9.5 x 13.8 cm) • Green Brads*

### Werkwijze
1. Lijm oranje strookjes op de lichtgroene kaart.
   Maak sneetjes in de hoeken en steek er brads
   doorheen. Plak het geheel op de dubbele kaart.
2. Maak per narcis 5x P1 en omwikkel ze 1x. Rol per
   trompet een oranje strook van 22 cm strak op. Maak deze
   een beetje bol met een embossingpen. Smeer de bolle
   kant in met lijm, zodat ze niet meer plat kan worden.
3. Maak stelen volgens BPa: 1x 1-4-7-10-13, 2x 1-4-7-10.
   Knijp ze fijn en zet ze vast met wat lijm ertussen.
4. Maak grote bladeren volgens BPa: 2x 1-3-5-7-9-11-13,
   1x 1-3-5-7-9-11. Kleine bladeren: 2x 1 t/m 9, 1x 1 t/m 8,
   1x 1 t/m 6, 2x 1 t/m 5. Knijp de bladeren fijn en puntig en
   buig ze enigszins.

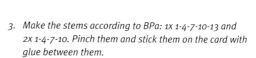

### *Instructions*
1. *Glue orange strips onto the light green card. Make cuts
   in the corners and insert the Brads through them. Stick
   everything on the double card.*
2. *Make 5x P1 for each daffodil and wind the strip around
   the whole shape once. Tightly roll up an orange strip
   (22 cm) for each centre. Use an embossing stylus to puff
   them up slightly and apply glue to the raised side so that
   it cannot become flat again.*
3. *Make the stems according to BPa: 1x 1-4-7-10-13 and
   2x 1-4-7-10. Pinch them and stick them on the card with
   glue between them.*
4. *Make the large leaves according to BPa: 2x 1-3-5-7-9-11-
   13 and 1x 1-3-5-7-9-11. Make the small leaves: 2x 1 to 9,
   1x 1 to 8, 1x 1 to 6 and 2x 1 to 5. Pinch the
   leaves into a point and bend them slightly.*

# Krokussen *Crocuses*

**Werkwijze**

1. Lijm de gele cirkel op de groene en plak ze op de dubbele kaart.
2. Maak 4x P2 met 2 stroken tegelijk voor de krokussen. Maak verschillende combinaties met paarse, lila en witte stroken. Maak 3x P2 voor de krokusknoppen. Lijm de bovenkanten van de knoppen tegen elkaar, maar druk ze niet plat.
3. Maak 7x P3 voor de kelkjes. Omwikkel ze 1x en lijm ze aan de krokussen. Knip puntige bladeren in lengte variërend van 4 tot 7,5 cm. Teken er met gelpen een nerf op. Vouw enkele bladeren om. Knip van bruin papier een hoopje aarde.
4. Maak 4x P4 (hoeken) volgens patroon.

*Instructions*

1. *Glue the yellow circle to the green circle and stick them on the double card.*
2. *For the crocuses, make 4x P2 using two strips at the same time. Make different combinations of purple, lilac and white strips. Make 3x P2 for the crocus buds. Glue the top of the buds to each other, but do not flatten them.*
3. *Make 7x P3 for the calyxes. Wind a strip around them once and glue them onto the crocuses. Cut pointed leaves varying in length from 4 cm to 7.5 cm. Use the gel pen to draw the grain on them. Fold a couple of leaves over. Cut a pile of earth from brown paper.*
4. *Make 4x P4 (corner decorations) according to the pattern.*

**Benodigdheden**
Dubbele kaart 13,2 x 13,2 cm sering P37 (C487)
• Cirkel 11,5 cm donkergroen P16 (C367) • Cirkel 10,5 cm narcisgeel P28 (C275) • Witte gelpen • Bruin papier

*What you need*
*Lilac double card P37 (C487) (13.2 x 13.2 cm)*
*• Dark green circle P16 (C367) (Ø 11.5 cm) • Daffodil yellow circle P28 (C275) (Ø 10.5 cm) • White gel pen*
*• Brown paper*

# Sneeuwklokjes *Snowdrops*

## Benodigdheden
Dubbele kaart 14,8 x 10,5 cm lichtgroen P47
• Kaart 13,8 x 9,5 cm gewolkt lindegroen P50

### *What you need*
*Light green double card P47 (14.8 x 10.5 cm)*
*• Lime green moiré card P50 (13.8 x 9.5 cm)*

## Werkwijze
1. Plak de gewolkte kaart op de dubbele kaart en lijm donkergroene papierstroken langs de randen.
2. Maak 18x BPb 1 t/m 7 voor de sneeuwklokjes. Maak 4 klokjes met 3 blaadjes, waarvan 2 onder en 1 er bovenop en 3 klokjes met 2 blaadjes. Maak 7x P5 voor de kelkjes. Omwikkel ze 1x en gebruik het restant van de strook als steel.
3. Maak de vaas volgens P6 en de voet volgens P7.
4. Knip 12 puntige bladeren van 5, 6, 7 en 8 cm lang. Lijm ze in een bosje naast elkaar, maar houd rekening met de breedte van de vaas. Vouw hier en daar een blad om.

## *Instructions*
1. *Stick the moiré card on the double card and glue dark green strips around the edges.*
2. *Make 18x BPb 1 to 7 for the snowdrops. Make 4 snowdrops with 3 leaves, 2 underneath and 1 on top, and 3 snowdrops with 2 leaves. Make 7x P5 for the calyxes. Wind a strip around them once and use the rest of the strip for the stem.*
3. *Make the vase according to P6 and the foot according to P7.*
4. *Cut 12 pointed leaves (5 cm, 6 cm, 7 cm and 8 cm long). Glue them together like a bunch, taking into account the width of the vase. Fold some of the leaves over.*

# Bloesemtak *Flowering sprig*

### Werkwijze

1. Pons hoeken in het crèmekleurige kaartje en schuif het roze kaartje ertussen. Lijm het geheel op de nootbruine kaart.
2. Maak voor de bloemetjes 18x P8 en lijm ze per paar tegen elkaar. Maak 9 blaadjes volgens P9 en omwikkel ze 1x.
3. Lijm 2 papierstroken precies op elkaar en maak een dubbele tak van ongeveer 10 en 7,5 cm. Knip voor de zijtakjes stukjes van 2 cm en lijm ze tegen de grote takken.
4. Gebruik gele plaksteentjes als hartje voor de bloesembloemetjes.

### *Instructions*

1. *Punch the corners of the cream card and slide the blossom card into the holes. Glue everything on the nut brown card.*
2. *Make 18 x P8 for the flowers and glue pairs of them together. Make 9 leaves according to P9 and wind a strip around them once.*
3. *Glue 2 strips of paper on top of each other and make a double branch (approx. 10 cm and 7.5 cm). Cut 2 cm pieces for the side branches and glue them against the large branches.*
4. *Use yellow adhesive stones as the centre of the flowers.*

### Benodigdheden
Dubbele kaart, 10,5 x 14,8 cm nootbruin P39 (C363)
• Kaart 9,5 x 13,8 cm crème P27 (C241) • Kaart 8,7 x 13 cm bloesem P34 (C481) • Strass plaksteentjes geel
• Fotohoekpons dubbele boog

### *What you need*
*Nut brown double card P39 (C363) (10.5 x 14.8 cm)*
*• Cream card P27 (C241) (9.5 x 13.8 cm) • Blossom card P34 (C481) (8.7 x 13 cm) • Yellow adhesive stones*
*• Double arch photo punch*

# Bloemen *Flowers*

## Roze bloemen *Pink flowers*

### Benodigdheden
Dubbele kaart 14,8 x 10,5 cm roze P15 (C440) • Stroken van 14,8 x 3,5 cm wijnrood P36 (C519) en bloesem P34 (C481) • Strookjes van 8 x 0,3 cm in de 3 gebruikte kaartkleuren • Swarovski kraal bloem, kristal • 3D kit

### *What you need*
*Pink double card P15 (C440) (14.8 x 10.5 cm) • Wine red strips P36 (C519) and pink strips P34 (C481) (14.8 x 3.5 cm) • Strips of the 3 colours of card used (8 x 0.3 cm) • Swarovski flower bead, crystal • Silicon glue*

### Werkwijze
1. Lijm de brede stroken 1 mm van de buitenrand op de dubbele kaart. Lijm de smalle strookjes 3 mm van de onder- en bovenkant van de kaart over de brede stroken in contrasterende kleuren.
2. Maak per bloem 5x BPb 1-4-5-6-7-8. Duw de vormen naar het midden toe zodat een ruitvorm ontstaat. Lijm ze per kleur aan elkaar.
3. Maak 5 bladeren volgens P10. Buig ze een beetje.
4. Lijm 4 cm lange stroken tussen de bloemen als tak. De bloemenkraaltjes worden met 3D kit in het hart vastgezet.

### *Instructions*
1. *Glue the wide strips on the double card 1 mm from the edges. Glue the contrasting coloured, narrow strips 3 mm from the top and bottom of the card over the wide strips.*
2. *Make 5x BPb for each flower: 1-4-5-6-7-8. Push the top of the shapes downwards to make a diamond shape. Glue the shapes of each colour together.*
3. *Make 5 leaves according to P10 and bend them slightly.*
4. *Glue 4 cm long strips between the flowers to create a branch. Use silicon glue to glue the beads in the centre of the flowers.*

# Ponsrand *Punched border*

### Benodigdheden
Dubbele kaart 14,8 x 10,5 cm en 2 stroken van 14,8 x 0,5 cm purper P13 • Kaart 14,8 x 10,5 cm lichtroze P23 (C480)
• Randpons flower

### *What you need*
*Mauve double card (14.8 x 10.5 cm) and 2 mauve strips (14.8 x 0.5 cm) P13 • Pale pink card P23 (C480) (14.8 x 10.5 cm) • Flower border punch*

### Werkwijze
1. Pons een rand aan de lange zijden van de lichtroze kaart. Lijm deze op de dubbele kaart en plak de smalle stroken naast de geponste randen.
2. Maak 3x P11 voor de bloemen. Knijp de bloemen bij punt 1 wat samen.
3. Maak 3 kelkjes volgens P12 en omwikkel ze 1x. Lijm alle raakpunten. Gebruik de te lange stroken als stelen.
4. Maak 4 bladeren volgens P13 en omwikkel ze 1x. Knijp de onderkant samen.

### *Instructions*
1. *Punch a border along the long sides of the pale pink card. Glue this on the double card and stick the narrow strips next to the punched borders.*
2. *Make 3x P11 for flowers. Pinch the flowers together slightly at point 1.*
3. *Make 3 calyxes according to pattern P12 and wind a strip around them once. Glue all the points of contact. Use the strips which are too long as stems.*
4. *Make 4 leaves according to pattern P13 and wind a strip around them once. Pinch the bottom together.*

# Lichtgele bloemen
## *Pale yellow flowers*

### Werkwijze
1. Lijm aan beide zijden van de kaart 2 stroken filigraan-papier tegen elkaar aan op 3 mm van de buitenrand.
2. Maak per bloem 4x P14 en omwikkel ze 1x. Let op, want dit is een patroon met omgekeerde wikkelingen (zie Technieken).
3. Maak een lange steel volgens BPa 1-5-10-15-20 en een korte steel van 1-5-10-15. Knijp de stelen samen zodat ze zo smal mogelijk worden. Doe er lijm tussen. Maak bladeren volgens BPa: 1x 1-2-4, 2x 1-3-6, 1x 1-3-6-9, 1x 1-4-8-12. Knijp de bladeren een beetje puntig.
4. Zet de kraaltjes in het midden van de bloemen vast met 3D kit.

### *Instructions*
1. *Glue 2 strips of filigree paper next to each other 3 mm from the edges of the card.*
2. *Make 4x P14 for each flower and wind a strip around them once. Be careful, because this is a pattern with reverse winding (see Techniques).*
3. *Make a long stem according to BPa 1-5-10-15-20 and a short stem according to BPa 1-5-10-15. Pinch the stems together so that they are as narrow as possible. Place some glue between the strips and make leaves according to BPa: 1x 1-2-4, 2x 1-3-6, 1x 1-3-6-9 and 1x 1-4-8-12. Pinch the leaves so that they are slightly pointed.*
4. *Use silicon glue to stick the beads in the middle of the flowers.*

### Benodigdheden
Dubbele kaart 14,8 x 10,5 cm lichtgeel P29 (C211)
• Swarovski kraal toupille topaas • 3D kit

### *What you need*
*Pale yellow double card P29 (C211) (14.8 x 10.5 cm) •*
*Swarovski faceted, tapered bead (topaz) • Silicon glue*

# Margrieten *Daisies*

### Benodigdheden
Dubbele kaart 14,8 x 10,5 cm olijfgroen P45 (C290) • Kaart 13,8 x 9,5 cm narcisgeel P28 (C275) • Figuurpons madelief • Making M. eyelets pastel • Strass plaksteentjes geel • Wit papier

### *What you need*
*Olive green double card P45 (C290) (14.8 x 10.5 cm) • Daffodil yellow card P28 (C275) (13.8 x 9.5 cm) • Daisy figure punch • Making M. pastel eyelets • Yellow adhesive stones • White paper*

### Werkwijze
1. Pons 4 madeliefjes uit wit papier en zet ze met zachtgele eyelets op de gele kaart. Lijm het geheel op de dubbele kaart.
2. Maak per bloem 2x P11. Lijm ze tegen elkaar aan.
3. Maak P15 voor de bladeren en stelen. Lijm de lussen van punt 1 naar 2 en van 1 naar 4 tegen elkaar aan.
4. Lijm plaksteentjes in het midden van de bloemen.

### *Instructions*
1. *Punch 4 daisies out of white paper and use pale yellow eyelets to stick them on the yellow card. Glue everything on the double card.*
2. *Make 2x P11 for each flower and glue them against each other.*
3. *Make P15 for the leaves and the stems and glue the windings from point 1 to point 2 and from point 1 to point 4 together.*
4. *Glue adhesive stones in the middle of the flowers.*

# Paarse bloem *Purple flower*

### Benodigdheden
Dubbele kaart 14,8 x 10,5 cm paars P46 (C426) • JeJe Fantasy papier water 13,3 x 9 cm • Groene snaps 6 mm • La Boutique pearl brads silver

### *What you need*
*Purple double card P46 (C426) (14.8 x 10.5 cm) • JeJe Fantasy Paper - water (13.3 x 9 cm) • Green Snaps (6 mm) • La Boutique silver pearl Brads*

### Werkwijze
1. Lijm een lila strook langs het Fantasy papier kaartje. Sla de snaps in de hoeken. Plak het geheel op de paarse kaart.
2. Maak voor de bloem 5x P16 van punt 1 t/m 6 in lila, 1x omwikkelen met paars. De rest van de bloem in paars. De punten 7 t/m 10 zijn omgekeerde wikkelingen. De punten 11 en 12 zijn losse lussen om de rest heen.
3. Maak bladeren volgens BPa met 2 verschillende kleuren groen tegelijk: 1x 1-3-4-5-6-7, 2x 1-3-4-5-6, 3x 1-3-4-5. Knijp de onderkant van de bladeren een beetje samen en duw ze vanaf de andere kant naar beneden zodat een pijlpuntvormig blad ontstaat.
4. Maak stelen van 4 cm lange strookjes in 2 kleuren groen, die precies op elkaar geplakt zijn. Gebruik een pearl brad als hart.

### *Instructions*
1. *Glue a lilac strip around the Fantasy Paper card. Punch Snaps in the corners. Stick everything on the purple card.*
2. *For the flower, make 5x P16 from point 1 to point 6 in lilac and wind a purple strip around it once. Make the rest of the flower in purple. Points 7 to 10 are wound in the opposite direction. Points 11 and 12 are separate loops around the others.*
3. *Make leaves according to BPa using 2 different shades of green at the same time: 1x 1-3-4-5-6-7, 2x 1-3-4-5-6 and 3x 1-3-4-5. Pinch the bottom of the leaves slightly and push the top downwards to make the leaf arrow-shaped.*
4. *Make stems from 4 cm long strips in 2 shades of green which are stuck on top of each other. Use a pearl Brad as the middle of the flower.*

# **Vlechtrand** *Braided border*

### Werkwijze

1. Lijm de grootste anjerwitte kaart op de oranje kaart en de perzikroze kaart daarop. Pons op gelijke afstanden de vlechtrand met de border/weave pons in het kleinste kaartje. Vlecht het lint erdoor. Zet het op de achterkant vast met dubbelzijdig plakband. Plak het geheel op de perzikroze kaart.
2. Maak per bloem 5x P17 in lichtoranje en omwikkel ze 2x met oranje.
3. Maak 2 bladeren volgens P18 en knijp de onderkant een beetje samen.
4. Vul het hartje met 3D kit zodat de plakstenen genoeg raakvlak hebben.

### *Instructions*

1. *Glue the largest carnation white card on the orange card and glue the peach pink card on top. Use the border/weave punch to punch an evenly spaced braided border on the smallest carnation white card. Weave the ribbon through the border and use double-sided adhesive tape to stick the ribbon to the back of the card. Stick everything on the peach pink card.*
2. *Make 5x P17 in pale orange for each flower and wind an orange strip around them twice.*
3. *Make 2 leaves according to P18 and pinch the bottom together slightly.*
4. *Apply enough silicon glue to the centre of the flower for the adhesive stones to be glued in the middle.*

### Benodigdheden
Dubbele kaart 13,2 x 13,2 cm oranje P11 (C545)
• Kaart 12 x 12 cm en 10 x 10 cm anjerwit P03 (C211)
• Kaart 11 x 11 cm gewolkt perzikroze P54 • Border/weavepons cirkel • Zalmkleurig organzalint • Strass plaksteentjes oranje • Dubbelzijdig plakband • 3D kit

### *What you need*
*Orange double card P11 (C545) (13.2 x 13.2 cm)*
*• Carnation white card P03 (C211) (12 x 12 cm and 10 x 10 cm) • Peach pink moiré card P54 (11 x 11 cm)*
*• Border/weave circle punch • Salmon Organza ribbon*
*• Orange adhesive stones • Double-sided adhesive tape*
*• Silicon glue*

# Vleugels *Wings*

## Blauwe vlinders *Blue butterflies*

### Benodigdheden
Dubbele kaart 14,8 x 10,5 cm azuurblauw P04 (C391)
• Kaart 13,8 x 9,5 cm gewolkt aquablauw P49 • Dubbele
hoekpons vlinder

### *What you need*
*Azure double card P04 (C391) (14.8 x 10.5 cm) • Aqua
marine moiré card P49 (13.8 x 9.5 cm) • Double butterfly
corner punch*

### Werkwijze
1. Pons 4 vlinderhoeken uit de enkele kaart en lijm deze op
   de dubbele kaart.
2. Grote vlinder. 2x P19 in lichtblauw en omwikkel 2x met
   donkerblauw. Duw de strook daarbij losjes tegen alle
   raakpunten en lijm deze vast. Het lijf: BPa 1-3-4-5-6-7.
   Knijp het puntig. Knip voor de voelsprieten een 4 cm lang
   strookje in de lengte door. Rol een stukje op, buig en plak
   onder de kop.
3. Middelgrote vlinder. 2 grote vleugels: BPb 1-5-6-7-8-9
   met 2 kleuren tegelijk. 2 kleine vleugels: BPb 1-3-4-5-6.
   Het lijf: BPb 1-3-4-5-6-7-8 met 1 kleur en de voelsprieten
   van 2,5 cm lang als bij punt 2.
4. Kleine vlinder. 2 grote vleugels: P20 in lichtblauw, 3x
   omwikkelen met donkerblauw. 2 kleine vleugels: P21.
   Het lijf: BPa 1-2-3-4 met 2 kleuren tegelijk. De 2 cm lange
   voelsprieten als hiervoor.

### *Instructions*
1. *Punch the corners of the aqua marine card with the
   butterfly corner punch and glue the card on the double
   card.*
2. *Large butterfly: 2x P19 in light blue and wind a dark blue
   strip around it twice. Push the strip loosely against all
   the points of contact and glue it in place. The body: BPa
   1-3-4-5-6-7. Pinch it into a point. To make the antennae,
   cut a 4 cm long strip lengthways in two. Roll up a small
   piece of the strip, bend it and stick it below the head.*
3. *For the medium-sized butterfly, make 2 large wings (BPb
   1-5-6-7-8-9 using 2 colours at the same time) and 2 small
   wings (BPb 1-3-4-5-6). The body: BPb 1-3-4-5-6-7-8 with
   1 colour. Make the antennae 2.5 cm long using the same
   method as described for point 2.*
4. *For the small butterfly, make 2 large wings (P20 in pale
   blue and wind a dark blue strip around it three times)
   and 2 small wings (P21). The body: BPa 1-2-3-4 using 2
   colours at the same time. Make the 2 cm long antennae
   as described above.*

# **Kolibrie** *Hummingbird*

### Werkwijze

1. Lijm de enkele kaart op de dubbele.
2. Kolibrie. Het lijf: P22 met 2 felgekleurde stroken, groen en blauw, tegelijk. Wikkel ze apart (zie Technieken). Omwikkel 1 x met beide stroken tegelijk. Vleugel: P23 met 3 stroken tegelijk (2x blauw met groen ertussen). Wikkel de stroken apart. Omwikkel de vleugel 1x met de 3 stroken. Staart: P24 als de vleugel, maar zonder omwikkeling. Kop: rol 2 stroken van 22 cm zo strak mogelijk op. Teken een oogje. Snavel: BPb 1 t/m 7. Knijp hem fijn en puntig.
3. Bloemen: 15x P17. Omwikkel 1x en duw de 2 langste lussen naar het midden, zodat een hartvorm ontstaat. Kelkjes: 3x P5. Lijm ze tegen de bloemen met 2 blaadjes. Bladeren: 6x P25. Knijp er 3 punten in. Takjes: rol korte strookjes schuin om een dun ijzerdraadje.
4. Lijm plaksteentjes in het hart van de bloemen.

### *Instructions*

1. *Glue the single card onto the double card.*
2. *Hummingbird. The body: P22 using 2 brightly-coloured strips (green and blue). Wind them separately (see Techniques) and wind the 2 strips at the same time around the shape once. Wings: P23 using 3 strips (2x blue with green in between). Wind the strips separately and wind each strip around the shape once. Tail: P24, the same as the wing, except without the collar. Head: roll up 2 strips (22 cm) as tightly as possible. Draw an eye. Beak: BPb 1 to 7. Pinch it into a point.*
3. *Flowers: 15x P17. Wind the strip around it once and push the 2 longest loops downwards to make a heart shape. Calyxes: 3x P5. Glue them against the flowers with 2 leaves. Leaves: 6x P25. Pinch 3 points in them. Branches: Roll short strips at an angle around a thin wire.*
4. *Glue adhesive stones in the middle of the flowers.*

### Benodigdheden
Dubbele kaart 14,8 x 10,5 cm korenblauw P05 (C393) • Kaart 13,8 x 9,5 cm hagelwit P30 (C210) • Strass plaksteentjes roze • Zwarte stift

### *What you need*
*Cornflower blue double card P05 (C393) (14.8 x 10.5 cm) • Snow-white card P30 (C210) (13.8 x 9.5 cm) • Pink adhesive stones • Black felt-tip pen*

# Libellen *Dragonflies*

## Werkwijze

1. Lijm de enkele kaart op de dubbele.
2. 2 lijven. BPa 1 t/m 10 met 3 kleuren tegelijk;
   lichtgeel, geel en zwart. Wikkel de kleuren
   apart om de opeenvolgende punten. Knijp ze
   zo puntig mogelijk. Smeer de onderkant in met
   lijm en klem ze tussen spelden tot ze droog zijn.
   Rol per kopje 2 strookjes van 4 cm lang, in lichtgeel en zwart, zo strak mogelijk op.
3. Vleugels: 5x P26 in 3 kleuren en wikkel ze apart.
   Omwikkel de vleugels 1x met alle stroken tegelijk.
   Knijp de vleugels bij punt 1 goed samen en lijm ze
   daar tegen elkaar als bij de lijven. Lijm 3 zwarte
   strookjes van 2 cm op elkaar en vouw er pootjes
   van. Lijm ze tegen het lijf, vlak voor de kop.
4. Vouw 5 mm brede stroken over de lengte dubbel
   en knip er bladeren van. Lijm ze in bosjes op de
   kaart en knak een paar stengels.

## Instructions

1. *Glue the single card onto the double card.*
2. *2 bodies: BPa 1 to 10 using 3 colours (pale yellow,
   yellow and black). Wind the colours separately
   around each successive point. Pinch the bodies into a
   point. Apply glue to the underside and clamp them
   between pins until they are dry. Roll up two 4 cm long
   strips (pale yellow and black) as tightly as possible for
   each head.*
3. *Wings: 5x P26 in three colours. Wind them separately
   and wind them around the wings once. Pinch the wings
   together at point 1 and glue them at point 1 together
   as you did with the bodies. Glue 3 black strips (2 cm)
   together and use them to make the feet. Glue them
   against the body, close to the head.*
4. *Fold 5 mm wide strips double lengthways and cut them
   into leaves. Glue them in two bunches on the card and
   bend a couple of them.*

### Benodigdheden

Dubbele kaart 13,2 x 13,2 cm dottergeel P10 (C247)
• Kaart 12,2 x 12,2 cm anjerwit P03 (C211)
• Filigraanstroken 5 mm breed

### *What you need*

*Bright yellow double card P10 (C247) (13.2 x 13.2 cm)*
• *Carnation white card P03 (C211) (12.2 x 12.2 cm)*
• *Filigree strips (5 mm wide)*

# Gele vlinders *Yellow butterflies*

### Benodigdheden
Dubbele kaart 14,8 x 10,5 cm en strook 14,8 x 7,5 cm anjerwit
P03 (C211) • Kaart 14,8 x 11,5 cm dottergeel P10 (C247) •
Border/weave punch driehoekjes • Donkergroen organzalint
• Dubbelzijdig plakband

### *What you need*
*Carnation white double card P03 (C211) (14.8 x 10.5 cm) •
Carnation white card P03 (C211) (14.8 x 7.5 cm) and bright
yellow card P10 (C247) (14.8 x 11.5 cm) • Triangle border/
weave punch • Dark green Organza ribbon • Double-sided
adhesive tape*

### Werkwijze
1. Pons een rand aan beide zijden van de gele kaart. Vlecht
   het lint erdoor en zet het op de achterkant vast met dubbelzijdig plakband. Plak het geheel op de dubbele kaart
   en lijm de strook er bovenop.
2. Grote vlinder: 2 stroken tegelijk (geel en zwart), maar om
   en om gewikkeld. 2 grote vleugels: BPb 1-5-6-7-8-9-10.
   2 kleine vleugels en een lijf: BPb 1-3-4-5-6-7-8. Maak
   voelsprieten van een 2,5 cm lang strookje.
3. Maak 2 kleine vlinders (zie punt 4 van blauwe vlinders)
   met 3 stroken tegelijk, 1 zwart en 2 geel. Omwikkel 1 x
   met alle stroken.
4. Halve vlinders. 4x P17 (hartjesbloemen kolibrie) met
   2 stroken tegelijk. 2 lijven: BPa 1-2-3-4 en 2 cm lange
   voelsprieten.

### *Instructions*
1. *Punch a border along both sides of the yellow card.
   Weave the ribbon through it and use double-sided
   adhesive tape to stick the ribbon to the back of the
   card. Stick everything on the double card and glue
   the carnation white strip on top.*
2. *Large butterfly: 2 strips together (yellow and black), but
   wind them one by one. 2 large wings: BPb 1-5-6-7-8-9-10.
   2 small wings and the body: BPb 1-5-6-7-8-9-10. Use a
   2.5 cm long strip to make the antennae.*
3. *Make two small butterflies (see point 4 of the Blue butterflies) using 3 strips together (1x black and 2x yellow).
   Wind all the strips around it once.*
4. *Half butterflies: 4x P17 (heart flowers of the
   Hummingbird) using 2 strips together. 2 bodies:
   BPa 1-2-3-4 and 2 cm long antennae.*

# Harten *Hearts*

## Love *Love*

### Benodigdheden

Dubbele kaart 13,2 x 13,2 cm fiëstarood P12 (C517)
• Kaart 12,2 x 12,2 cm hagelwit P30 (C210) • Clippunch rijgpons boogjes • Figuurpons hartje • Filigraanstroken 5 mm breed • Rood papier

### What you need

*Fiesta red double card P12 (C517) (13.2 x 13.2 cm)*
• *Snow white card P30 (C210) (12.2 x 12.2 cm)*
• *Clip Punch: arch weave punch* • *Heart figure punch*
• *Filigree strips (5 mm wide)* • *Red paper*

### Werkwijze

1. Plak de witte kaart op de rode. Neem een strook rood papier van 2 cm breed. Pons op ruime afstand een aantal boogjes naast elkaar. Zet de hartjespons haaks op de boogjes om de hartjes recht aan de strook te kunnen rijgen. Lijm de hartjesstroken op de witte kaart.
2. Maak 2 harten volgens patroon P27. Knip het restant van de strook niet af. Haal aan de linkerkant de bovenste 4 spelden los. Buig de 4 lussen voorzichtig naar het midden en lijm punt 20 tegen punt 5. Gebruik daarvoor een extra speld. Doe hetzelfde aan de rechterkant met punt 21 tegen punt 5. Omwikkel de harten 1 x en lijm de kraag rondom vast.
3. Plaats een tekst.

### Instructions

1. *Stick the white card on the red card. Punch a number of arches in a strip of red paper (2 cm wide) a reasonable distance apart from each other. Place the heart punch at a right angle to the arches so that the hearts face the right direction when weaved onto the strip. Glue the strip of hearts onto the white card.*
2. *Make 2 hearts according to pattern P27. Do not cut off the rest of the strip. Remove the top 4 pins on the left-hand side. Carefully bend the 4 loops towards the middle and glue point 20 against point 5 using an extra pin. Do the same on the right-hand side by gluing point 21 against point 5. Wind a strip around the hearts once and glue the collar all around.*
3. *Add some text.*

# Mozaïekrand *Mosaic border*

### Werkwijze

1. Pons een mozaïekrand in de rode strook. Snijd er daarna aan weerskanten 0,5 cm af. Lijm de strook op de dubbele kaart en lijm witte filigraanstroken langs de ponsrand.
2. Maak 6x P28 voor de bloemen. Omwikkel de onderdelen 1x. Lijm alle raakpunten, vooral in het midden van de harten.
3. Maak voor de bladeren 4x P13 met 2 verschillende kleuren groen tegelijk. Omwikkel de bladeren 1x met beide stroken en knijp ze puntig.
4. Lijm de strass stenen in het midden van de bloemen.

### *Instructions*

1. *Punch a mosaic border in the red strip and then cut off 0.5 cm from both sides. Glue the strip onto the double card and glue white filigree strips along the punched border.*
2. *Make 6x P28 for the flowers. Wind the strips around the shapes once. Glue all the points of contact, particularly in the middle of the hearts.*
3. *Make 4x P13 for the leaves using two different shades of green together. Wind both strips around the leaves once and pinch them into a point.*
4. *Glue the adhesive stones in the middle of the flowers.*

### Benodigdheden
Dubbele kaart 14,8 x 10,5 cm hagelwit P30 (C210) • Strook 14,8 x 5 cm fiëstarood P12 (C517) • Mozaïekpons • Strass stenen rond kristal

### *What you need*
*Snow white double card P30 (C210) (14.8 x 10.5 cm) • Fiesta red strip P12 (C517) (14.8 x 5 cm) • Mosaic punch • Round crystal adhesive stone*

# **Herfst** *Autumn*

## **Paddenstoelen**
## *Toadstools*

### Benodigdheden
Dubbele kaart 10,5 x 14,8 cm kerstrood P43 (C519)
• Kaart 8,8 x 12,8 cm lichtgroen P47 • Clipponsset
blad • Groen papier • Mos

### *What you need*
*Christmas red double card P43 (C519) (10.5 x 14.8 cm)
• Light green card P47 (8.8 x 12.8 cm) • Clip Punch
set: leaf • Green paper • Moss*

### Werkwijze
1. Pons eerst de middenstukjes uit het groene papier en
   pons de blaadjes er precies omheen. Verdeel ze om de
   rand van de lichtgroene kaart en zet ze op de achterkant
   vast met lijm of plakband. Plak het geheel op de rode
   kaart. Lijm de geponste clipjes op de blaadjes.
2. Maak voor de paddenstoelenhoedjes: 2x P29, 2x P30,
   5x P31. Omwikkel ze 1 x en lijm alle raakpunten.
3. Maak stelen volgens BPb: 2x 1 t/m 12, 2x 1 t/m 9,
   2x 1 t/m 8, 3x 1 t/m 6. Knijp ze aan een kant puntig.
4. Plak stelen en hoedjes aan elkaar en lijm de padden-
   stoelen in groepjes tegen elkaar. Zet met potlood een
   dun lijntje waar ze op de kaart moeten komen en plak
   ze op. Lijm er wat plukjes mos onder.

### *Instructions*
1. *First, punch the middle out of the green paper and then
   punch the leaves exactly around them. Spread them out
   around the edge of the light green card and use glue or
   adhesive tape to stick them to the card. Stick everything
   on the red card. Glue the punched clips on the leaves.*
2. *For the heads of the toadstools: 2x P29, 2x P30, 5x P31.
   Wind a strip around them once and glue all the points of
   contact.*
3. *Make stems according to BPb: 2x 1 to 12, 2x 1 to 9, 2x 1 to
   8 and 3x 1 to 6. Pinch them on one side into a point.*
4. *Stick the stems and the heads together and glue the
   toadstools in groups together. Use a pencil to draw a thin
   line to mark where they are to be stuck on the card. Stick
   bits of moss underneath.*

# Eikels *Acorns*

### Werkwijze
1. Pons eerst de streepjes uit het papier en pons er dan op verschillende manieren het esdoornblad omheen. Rijg er een filigraanstrook doorheen en plak de stroken aan weerszijden van de kaart.
2. Maak 3 eikenbladeren volgens P32. Omwikkel ze 1x en zet de kraag op verschillende raakpunten vast zodat 7 rondingen ontstaan.
3. Maak 2 eikels volgens P33 en omwikkel ze 2x. Lijm alle raakpunten.
4. Maak 2 eikelhoedjes volgens P34. Omwikkel ze 2x en lijm alle raakpunten. Gebruik het restant van de strook als steel.

### *Instructions*
1. Punch the strip out of the paper first and then punch the maple tree leaves around them in different ways. Weave a filigree strip through them and stick the strips on opposite sides of the card.
2. Make 3 acorn leaves according to P32. Wind a strip around them once and glue the collar on different points of contact to create 7 curves in the leaf.
3. Make 2 acorns according to P33 and wind a strip around them twice. Glue all the points of contact.
4. Make 2 acorn tops according to P34. Wind a strip around them twice and glue all the points of contact. Use the rest of the strip to make the stem.

### Benodigdheden
Dubbele kaart 10,5 x 14,8 cm kerstrood P43 (C519)
• Clippunch rijgpons recht • Figuurpons esdoornblad
• Filigraanpapier 5 mm breed • Groen papier

### *What you need*
Christmas red double card P43 (C519) (10.5 x 14.8 cm)
• Straight Clip Punch weave punch • Maple tree leaf figure punch • Filigree paper (5 mm wide) • Green paper

# Kerst *Christmas*

## Kerstklokken *Christmas bells*

### Benodigdheden

Dubbele kaart 13,2 x 13,2 cm kerstgroen P18 (C307)
• Kaart 12,7 x 12,7 cm fiëstarood P12 (C517) • Border/weave
pons ster • Wit organzalint

### *What you need*

*Christmas green double card P18 (C307) (13.2 x 13.2 cm)*
*• Fiesta red card P12 (C517) (12.7 x 12.7 cm) • Star border/*
*weave punch • White Organza ribbon*

### Werkwijze

1. Maak met de border/weave pons een rand om de rode kaart. Vlecht het lint erdoor en vouw het bij de hoeken om. Maak van de uiteinden een strikje. Lijm de kaart op de dubbele kaart.
2. Maak 2 klokken volgens P35 en omwikkel ze 2x. Lijm daarbij alle raakpunten aan de platte kant en zet ook de 2e wikkeling op meerdere plaatsen vast. Plak de klok boven de 2e laag lussen vast. De onderkant gaat dan bol staan. Duw de klok vanaf punt 1 wat naar beneden. De bovenkant wordt dan ronder. Maak 2 klepels volgens P36 en omwikkel ze 1x.
3. Maak 2 grote hulstbladeren volgens P37. In de buitenste lus knijp je punten zonder de binnenvorm te veranderen. Maak zo ook 3 kleine hulstbladeren volgens P38.
4. Maak 3 bessen van 22 cm lange stroken en 3 van 11 cm lange stroken.

### *Instructions*

1. *Use the border/weave punch to punch the border of the red card. Weave the ribbon through it and fold it in the corners. Tie the ends into a bow. Glue the card onto the double card.*
2. *Make 2 bells according to P35 and wind a strip around them twice. Glue all the points of contact on the flat side of the bell and also glue the second winding in a number of places. Stick the bell in place above the second layer of loops. The bottom will then be raised. Push the bell downwards slightly from point 1. The bottom will then be raised a little bit. Make 2 clappers according to P36 and wind a strip around them once.*
3. *Make 2 large holly leaves according to P37. Pinch the points in the outer loop without changing the inner shape. Also make 3 small holly leaves according to P38.*
4. *Make 3 big berries using 22 cm long strips and 3 small berries using 11 cm long strips.*

# Kaarsen *Candles*

### Benodigdheden
Dubbele kaart 14,8 x 10,5 cm nachtblauw P41 (C417)
• Kaart 13,2 x 13,2 cm fiëstarood P12 (C517) • Kaart
13,3 x 9 cm anjerwit P03 (C211) • Dubbele hoekpons hulst
• Groen papier

### *What you need*
*Night blue double card P41 (C417) (14.8 x 10.5 cm)*
*• Fiesta red card P12 (C517) (13.2 x 13.2 cm) • Carnation*
*white card P03 (C211) (13.3 x 9 cm) • Holly double corner*
*punch • Green paper*

### Werkwijze
1. Plak de rode kaart schuin op de blauwe kaart en snijd de uitstekende hoeken af. Pons de hoeken van de anjerwitte kaart. Plak er restjes groen papier achter en lijm het geheel op de dubbele kaart.
2. Maak kaarsen volgens BPa 1 t/m 12. Knijp ze puntig. Doe er lijm tussen. Maak 2 vlammetjes met een gele en oranje strook tegelijk, volgens BPb 1 t/m 6. Knijp ze puntig en buig ze een beetje om.
3. Maak 2 grote hulstbladeren volgens P37 en 1 klein hulstblad volgens P38. Maak 3 takken volgens P39. Knijp de takjes fijn en buig ze een beetje om.
4. Maak 2 bessen van 22 cm lange stroken en 5 van 11 cm lange stroken.

### *Instructions*
1. *Stick the red card on the blue card at an angle and cut off the protruding corners. Punch the corners of the carnation white card. Stick pieces of green paper behind it and glue everything on the double card.*
2. *Make candles according to BPa 1 to 12 and pinch them into a point. Place some glue between them and make two flames according to BPb 1 to 6 using an orange and a yellow strip together. Pinch them into a point and bend them slightly.*
3. *Make 2 large holly leaves according to P37 and one small holly leaf according to P38. Make 3 branches according to P39. Pinch the branches into a point and bend them slightly.*
4. *Make 2 berries using 22 cm long strips and 5 berries using 11 cm long strips.*

# **Sneeuwkristal** *Snow crystal*

### Werkwijze

1. Plak de nachtblauwe kaart op de dubbele kaart en de donkerblauwe kaart daarop.
2. Patroon P40 wordt in lagen opgebouwd (1 a-b-c, 2 a-b-c, etc.) om de ruitvorm er al een beetje in te krijgen. Maak 12x P40 van 1 t/m 9 c en 12x van 2 t/m 8c. Knijp de lussen in een punt en duw ze recht naar beneden tot aan de eerste 3 resp. 2 lussen. Maak er een ruitmodel van.
3. Alle onderdelen moeten symmetrisch verdeeld en aan elkaar gelijmd worden. Gebruik als hulpmiddel een cirkel die in 12 gelijke vakken verdeeld is.
4. Versier de kaart en het midden van het sneeuw-kristal met de plaksteentjes.

### *Instructions*

1. *Stick the dark blue card on the night blue card and stick them both on the double card.*
2. *Pattern P40 is built up in layers (1 a-b-c, 2 a-b-c, etc.) so as to create a diamond shape. Make 12x P40 from 1 to 9 c and 12x from 2 to 8c. Pinch the loops into a point and push them downwards to the first 3 or 2 loops, respectively to make it into a diamond shape.*
3. *All the parts must be symmetrically spread out and glued to each other. Use a circle which has been divided in 12 equal parts as a guide.*
4. *Use adhesive stones to decorate the card and the middle of the snow crystal.*

### Benodigdheden

Dubbele kaart 13,2 x 13,2 cm ijsblauw P42 (C391) • Kaart 12,2 x 12,2 cm nachtblauw P41 (C417) • Kaart 11,2 x 11,2 cm donkerblauw P06 (C427) • Strass plak-steentjes wit

### *What you need*

*Ice blue double card P42 (C391) (13.2 x 13.2 cm) • Night blue card P41 (C417) (12.2 x 12.2 cm) • Dark blue card P06 (C427) (11.2 x 11.2 cm) • White adhesive stones*

# Vervolg Technieken *Continuation Techniques*

### Winding patterns

Most patterns are wound around the outside once or a number of times. This can be done with a leftover piece of paper or with a strip of a contrasting colour. It is sufficient to only glue this collar at pin 1 with every winding, unless it states otherwise in the instructions.

### Reverse windings

Sometimes, you must follow the numbering for the windings from the bottom to the top, but you must still go around the pins in the same way.

### Using a number of colours at the same time

It does not matter if you use 2 or 6 different colours. Always glue the ends of the strips together. You can spread out the beginning of the different strips a little bit so as to avoid the start from being too thick. You can then wind the strips together around the pins. Make sure to glue each strip at pin 1. You can also wind each colour separately. Then, you only have to make a starting loop for the first strip. The other strips will already be in place for the following windings. When changing from left to right, all the strips have to change direction. Wind the colours separately around the next pins.

### Filigree shapes

The filigree shapes which have been used are the berry, a tightly rolled strip, and the spiral which has been let loose. If necessary, use a filigree pen to roll up the strips.

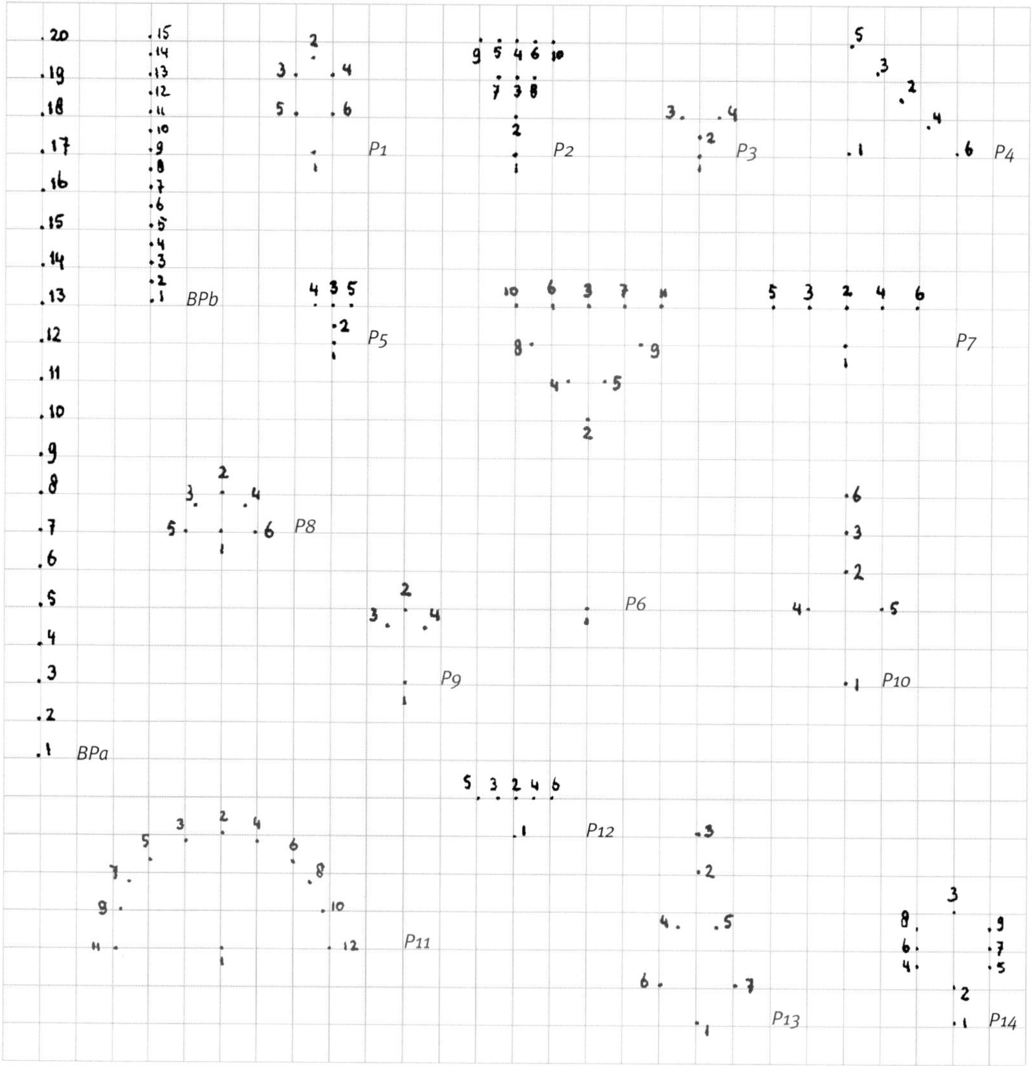
BPb
P1
P2
P3
P4
P5
P6
P7
P8
P9
P10
BPa
P11
P12
P13
P14

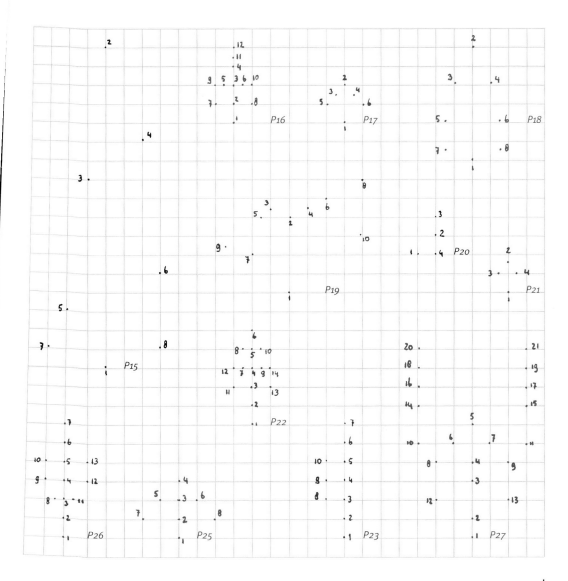

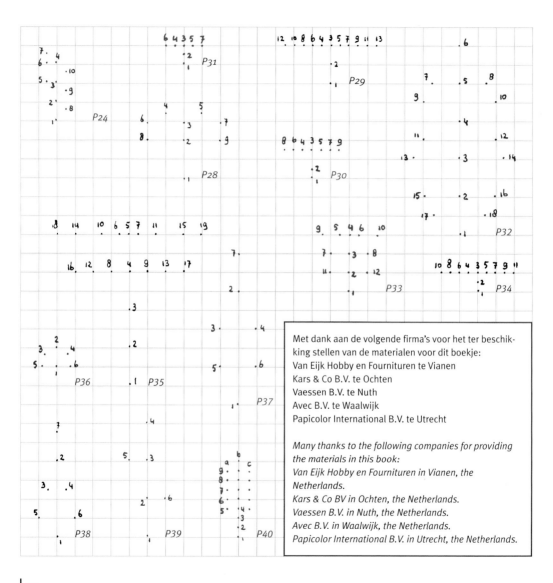

Met dank aan de volgende firma's voor het ter beschikking stellen van de materialen voor dit boekje:
Van Eijk Hobby en Fournituren te Vianen
Kars & Co B.V. te Ochten
Vaessen B.V. te Nuth
Avec B.V. te Waalwijk
Papicolor International B.V. te Utrecht

*Many thanks to the following companies for providing the materials in this book:*
*Van Eijk Hobby en Fournituren in Vianen, the Netherlands.*
*Kars & Co BV in Ochten, the Netherlands.*
*Vaessen B.V. in Nuth, the Netherlands.*
*Avec B.V. in Waalwijk, the Netherlands.*
*Papicolor International B.V. in Utrecht, the Netherlands.*